(Conserver la couverture)

Voyage de

M. le Président

de la République

à Moulins

GRANDES MANŒUVRES

SEPTEMBRE 1898

AUX GRANDES MANŒUVRES

LE DÉPART DU PRÉSIDENT DE LA RÉPUBLIQUE

Le Président de la République, revenu de Rambouillet à 7 h. 55 du matin, a quitté Paris le 12 septembre au soir, par la gare de Lyon, se rendant aux grandes manœuvres du Centre exécutées par les 8e et 13e corps d'armée sous la direction du général de Négrier et le commandement des généraux Caillard et Jacquemin.

A partir de 9 h. 1/2, arrivent à la gare le général Zurlinden, ministre de la Guerre, en civil ; MM. Delcassé, ministre des Affaires Etrangères ; de Selves, préfet de la Seine ; Laurent, secrétaire général de la préfecture de police ; Crozier, directeur du protocole ; Girerd, chef de cabinet du président du conseil ; Touny, directeur de la police municipale, et Cavard.

La Compagnie P.-L.-M. était représentée par MM. Tirman, président du conseil d'administration ; le baron de Nervo ; Noblemaire, directeur ; Picard, chef de l'exploitation, etc.

A 10 h. 5, le cortège présidentiel arrive à la gare. M. Félix Faure descend de landau, gagne son train et monte en wagon.

A ce moment, de nombreux cris de : « Vive le Président ! Vive l'armée ! » se font entendre.

M. Félix Faure, qui est en habit et porte le grand-cordon de la Légion d'honneur, salue la foule et s'entretient pendant quelques instants avec le général Zurlinden et M. Delcassé.

Le Président de la République et S. A. le duc de Connaught suivant les manœuvres. (Cliché de M. de Boulois.)

ARRIVÉE DU PRÉSIDENT DE LA RÉPUBLIQUE

Le train se met en marche exactement à 10 h. 10 du soir et, le lendemain vers 5 heures du matin, il entre en gare de Moulins. Sur le quai, le duc de Connaught avec ses aides de camp attendent l'arrivée du Président. Il pleut à verse.

M. Félix Faure ne descend pas, il reste debout derrière les glaces de son salon avec le général Hagron, les commandants Humbert et de Lagarenne. M. Crozier, introducteur des ambassadeurs, vient

Le Président de la République et les officiers arbitres.
(Cliché de M. de Boulois.)

chercher Son Altesse, à qui le Président serre la main affectueusement. Le duc de Connaught présente ensuite ses aides de camp, et le train repart pour ne s'arrêter qu'à Montbeugny, où l'on retrouve le général de Négrier et le groupe des officiers étrangers.

LA MANŒUVRE

« A cheval, messieurs ! »

Le Président de la République, le duc de Connaught et le général de Négrier, enveloppés de caoutchoucs ruisselants, partent par la route de Lusigny et, pendant toute la matinée, ils suivent de près le mouvement des troupes et les différentes formations de combat.

Vers 10 heures, M. Félix Faure arrive au milieu du théâtre de la lutte, toujours accompagné du duc de Connaught et du directeur des manœuvres. La pluie a cessé et le champ de bataille, éclairé par un soleil éclatant, présente le tableau militaire le plus animé qu'on puisse voir.

Le Président et son hôte royal déjeunent au château d'Orvalet. Le déjeuner offert par

Un défilé. (Cliché de M. de Boulois.)

le Président de la République au duc de Connaught comprend vingt couverts.

M. Félix Faure a à sa droite le général Duchesne et à sa gauche M. Martin, propriétaire du château d'Orvalet.

Le duc de Connaught est en face de lui. Il a à sa droite le général Hagron, secrétaire général de la présidence, et à sa gauche le général Talbot. Aucun toast n'est prononcé.

Le général de Négrier a donné au président, après son déjeuner, le plus beau spectacle qu'on puisse imaginer. Les troupes étant restées sur le terrain, il a fait recommencer la dernière partie de la manœuvre, y compris une charge de toute la cavalerie.

L'artillerie prend position. (Cliché de M. de Boulois.)

Cette parade, qui a parfaitement réussi, témoigne à quel degré d'entraînement et d'endurance nos soldats sont arrivés.

En quittant le terrain de manœuvres pour rentrer à Moulins en voiture, le Président de la République et le duc ont passé sur le front des troupes qui leur ont rendu les honneurs.

ENTRÉE DU PRÉSIDENT A MOULINS

Revenant du terrain des manœuvres, M. Félix Faure a fait son entrée dans Moulins, par la route de Chevagnes.

Le duc de Connaught était assis à sa gauche.

L'escorte était formée en tête par un escadron de gendarmes et en queue par des chasseurs.

Une batterie de canons, placée à Foulet, a tiré la salve de 101 coups de canon. La po-

En batterie. (Cliché de M. de Boulois.)

pulation se pressait très nombreuse sur le passage du cortège. Elle a crié sur plusieurs points : « Vive le Président ! Vive la République ! Vive l'armée ! »

Le duc de Connaught a accompagné le Président jusqu'à la préfecture. Il est monté dans ses appartements, et après une conversation d'une dizaine de minutes, il est retourné à l'évêché où il est descendu.

LES RÉCEPTIONS

Le Président de la République a reçu à 5 h. 1/2, dans le salon d'honneur de la préfecture, les autorités et les corps constitués.

Il avait derrière lui le général Hagron, M. Crozier, directeur du protocole, le préfet, M. Diény, et les officiers de sa maison militaire.

Le retour au cantonnement. (Cliché Borie.)

Les trois sénateurs du département : MM. Cornil, Chantemille et Bruel, se sont placés à sa droite ; MM. Gacon, Ville et Péronneau, députés, se sont placés à sa gauche ; MM. Delarue, radical-socialiste, Sauvanet et Létang, socialistes, se sont abstenus.

M. Gacon, président du Conseil général, fait l'éloge de l'armée :

> Nous la voulons, dit-il, forte, vaillante, disciplinée ; nous voulons qu'elle soit entourée du respect de tous pour lui permettre d'accomplir sa noble mission.

M. Félix Faure a remercié M. Gacon des sentiments qu'il venait d'exprimer en l'honneur de l'armée.

M. Sorrel, maire, en présentant le Conseil municipal, s'est attaché à rappeler la visite faite en 1895 par le Président de la République, à Moulins, et l'a entretenu de diverses questions locales, notamment de l'insuffisance de l'hospice des vieillards.

L'évêque a rappelé également la visite de M. Félix Faure en 1895 :

Le général Duchesne. (Cliché de M. de Boulois.)

Vous êtes venu, a-t-il dit, donner un témoignage public et éloquent de votre amour et de votre estime sans réserve pour notre glorieuse armée française. Ces sentiments, évêque et prêtres, nous les partageons pleinement.

L'armée, pour nous aussi, plane au-dessus de tous les conflits d'opinion. Son prestige ne saurait être entamé ni par les attaques ni par les défaillances individuelles.

Nous demandons à Dieu, dans nos prières quotidiennes, de la couvrir de sa protection toute-puissante et nous la saluons comme la personnification la plus élevée de la patrie, comme la sauvegarde de la défense nationale.

M. Félix Faure a répondu :

Je suis très touché, Monseigneur, des paroles aimables que vous m'adressez. Le Président de la République se réjouit des sentiments patriotiques que vous venez d'exprimer si éloquemment.

Après la manœuvre. (Cliché de M. de Boulois.)

BANQUET OFFICIEL

Le général de Négrier offre le soir, en l'honneur de M. Félix Faure, un dîner intime au lycée.

Le Président de la République a à sa droite le duc de Connaught.

Le général de Négrier est assis en face.

Les autres invités sont le général Talbot, le colonel Dawson et le capitaine Mac Neil, les généraux Duchesne, Deloye, Hagron, le colonel du Pontavice de Haussey et le lieutenant-colonel de Courcel, ainsi que les officiers de la maison militaire du Président.

Défense d'une ferme. (Cliché de M. Charles.)

Aucun toast n'a été prononcé.

Le Président de la République, qui s'est rendu à pied au dîner offert par le général de Négrier, est également rentré à pied à la préfecture, au milieu d'une double haie formée par la population qui a fréquemment applaudi sur son passage.

Ce soir les rues sont brillamment illuminées, notamment la rue de Paris, le boulevard de la Préfecture ainsi que la cathédrale.

Défense d'une route.
(Cliché de M. Charles.)

LA GRANDE BATAILLE

C'est la deuxième journée de manœuvres qui commence, la grande bataille à laquelle le Président de la République tenait particulièrement à assister.

Le général de Négrier a égalisé les chances des deux adversaires ; il a rendu à chaque corps sa division de cavalerie, celle du Sud, la 6e, étant à trois brigades.

D'après la position des avant-postes, l'action doit normalement se passer dans le triangle Saint-Ennemond, Moulins, Chevagnes.

Au-dessus d'une ferme appelée Tounine, toute la division de cavalerie du 8e corps est massée, avec une brigade déployée en avant, en face d'une infanterie imaginaire, représentée par 60 cyclistes. Il est vrai qu'on aperçoit derrière cette compagnie de tirailleurs d'épais escadrons de cuirassiers qui s'avancent à une vive allure.

L'artillerie des manchons blancs lui lance quelques obus à mitraille, pendant que la brigade envoyée dans le fond du vallon se replie rapidement.

S. A. le Duc de Connaught
et M. Crozier, directeur du Protocole. (Cliché Borie)

Il est 8 heures environ : le Président de la République, le duc de Connaught et le directeur des manœuvres qui ont quitté Moulins à la pointe du jour, galopent derrière les colonnes, puis passent sur le front des régiments, qui leur présentent le sabre. Cela n'empêche pas la manœuvre de continuer, ainsi que la fusillade de crépiter jusqu'à 10 h. 1/2, heure à laquelle on sonne le « Cessez le feu ! ».

Le Président de la République et ses invités déjeunent aujourd'hui à la ferme des Drevaux.

A midi, la bataille recommence et reprend toute son intensité.

M. Félix Faure, vraiment infatigable, parcourt dans tous les sens le champ de bataille, accompagné toujours par le duc de Connaught, et par l'aimable chef du protocole, M. Crozier.

Le prince anglais, en homme pratique, interroge sans cesse le général de Négrier. Il veut tout voir, tout savoir.

A un moment donné, il met pied à terre pour examiner le

Pendant une halte. (Cliché de M. Charles.)

sac des hommes. Il en prend un, le tourne, le retourne et finit par se le faire placer sur le dos aux applaudissements des curieux rassemblés sur ce point.

Vers 2 heures, la bataille s'achève ; les manœuvres sont terminées.

Le Président de la République monte en voiture pour rentrer à Moulins.

La ville présente une animation extraordinaire. Deux corps d'armée y sont cantonnés. La plupart des régiments ont fait

A Trevol.
Pendant que la musique militaire joue le *God save the Queen*.
(Cliché Borie.)

leur entrée musique en tête aux applaudissements de la population tout entière.

Le Président a offert aux autorités et aux officiers généraux un dîner intime à la préfecture Aucun toast n'a été porté.

AVANT LA REVUE

Le Président de la République consacre la journée de repos accordée

Après la manœuvre. La lessive. (Cliché Borie.)

aux troupes à visiter l'hôpital de Moulins et à parcourir les cantonnements.

A 9 heures, le Président arrive à Avermes, où il est salué par le général Gosse-Dubois.

Le maire, M. Delvaux, vient également présenter ses hommages au Chef de l'Etat, qui le félicite et le remercie de l'accueil excellent que ses administrés ont fait aux soldats.

Suivant son habitude, le Président de la République passe une inspection minutieuse du cantonnement, interrogeant les officiers et les hommes avec une sollicitude dont ils garderont le souvenir.

De son côté, le duc de Connaught continue à s'informer sur les mœurs et coutumes de l'armée française. Il questionne tout le monde et jusqu'aux paysans qui le renseignent sur l'état des récoltes avec le plus grand empressement.

Les mêmes scènes se renouvellent à Trevol, où nous trouvons le 29e de ligne. Le maire, M. Bonin, serre la main du Président, qui met pied à terre, pendant que la musique joue la *Marseillaise* et le *God save the Queen*.

L'inspection commence aussitôt.

Une visite aux cantonnements. (Cliché Borie.)

Les soldats sont en train de faire la soupe ; le duc de Connaught s'empresse d'y goûter.

A 11 heures, le Président, le duc, le général de Négrier et les officiers de leur suite déjeûnent au château des Grands-Bédores, dont le propriétaire, M. Louis Golliaud, leur fait les honneurs, mais, avant le déjeuner, le Chef de l'Etat trouve encore le temps de visiter le parc d'artillerie installé à quinze cents mètres de Trevol.

Jusqu'à la fin de la journée, le Président, avec une persévérance infatigable, visite les fermes, les hameaux, les villages peuplés de soldats qui bordent la route de Saint-Ennemond à Moulins.

Au cantonnement. La soupe. (Cliché Borie.)

LA REVUE DE GENNETINES

Voici la journée du triomphe, celle qu'on attend avec tant d'impatience, qui fait oublier toutes les fatigues, qui récompense tous les efforts. L'affluence des curieux est immense. Toutes les routes, tous les chemins qui conduisent au terrain de la revue ont été sillonnés par des milliers et des milliers de braves gens qui sont partis cette nuit et ce matin à pied, à bicyclette, à cheval, en carriole et en voiture, formant des colonnes profondes qui s'écoulaient lentement et se dispersaient autour de l'immense plaine.

Ce plateau de Gennetines, entièrement découvert jusqu'à la lisière du bois de Pommai, se développe sur une vaste étendue propice à l'évolution des troupes. Les 8° et 13° corps d'armée y sont rassemblés en groupes rectangulaires ; l'infanterie à gauche, l'artillerie face aux tribunes, la cavalerie à droite.

Le Président de la République,
S. A. le duc de Connaught et le général Hagron.
(Cliché Borie.)

Les privilégiés occupent quatre tribunes dressées à droite et à gauche de la tribune d'honneur.

A 8 heures, le général de Négrier fait son apparition, suivi par un brillant état-major. Le directeur des manœuvres parcourt rapidement le terrain pour rectifier l'emplacement des troupes et donner ses derniers ordres.

Pendant ce temps, les officiers étrangers, aux uniformes étincelants, descendent de voiture et se

Une visite aux cantonnements.

mettent en selle. Le général Freedericksz est salué par les cris répétés de : « Vive la Russie ! »

Il fait un temps admirable et un beau soleil sous lequel les baïonnettes et les sabres scintillent de mille feux.

ARRIVÉE DU PRÉSIDENT

Au cantonnement.
Les maréchaux ferrant. (Cliché A. Buguet.)

Il est 10 heures lorsqu'un premier coup de canon signale l'approche du Chef de l'Etat, et bientôt le landau présidentiel apparaît, conduit à la daumon par des artilleurs.

M. Félix Faure, en habit, avec la plaque et le grand cordon de la Légion d'honneur, est accompagné par le général Renouard, chef de l'état-major, et par le général Hagron.

Le duc de Connaught, en grand costume, chapeau à plumes blanches, tunique rouge, est à cheval, ainsi que ses aides de camp.

Deux escadrons de chasseurs encadrent le landau.

LA REVUE

Le landau présidentiel fait lentement le tour du plateau, passant sur le front des troupes, qui présentent les armes. Le général de Négrier escorte le Chef de l'Etat. Les musiques jouent la *Marseillaise*, les clairons et les tambours sonnent et battent « aux champs ».

Les mêmes honneurs sont rendus au duc de Connaught, qui suit M. Félix Faure, et revient avec lui pour assister à la remise des décorations.

Cette cérémonie s'accomplit, selon l'usage, en présence d'un bataillon et du drapeau.

La revue proprement dite a duré vingt minutes.

LE DÉFILÉ

C'est le moment solennel, celui que cent mille patriotes attendent avec impatience pour acclamer l'armée, régiment par régiment.

Le général de Négrier est allé se placer en tête de l'infanterie. Il lève son épée : les musiques attaquent un pas redoublé entraînant et toute l'armée s'ébranle.

Le défilé s'exécute, guide à droite, par division entière, les brigades accolées. Malheureusement, le terrain complètement desséché se pulvérise sous les pieds des soldats et un épais nuage de poussière ne tarde pas à les envelopper.

Au cantonnement. L'astiquage.
(Cliché de M. de Boulois.)

Le directeur des manœuvres, très applaudi par la foule, dont l'enthousiasme n'a cessé de grandir, salue le Chef de l'Etat et va se placer à deux cents mètres en face de la tribune d'honneur, à côté du peloton des officiers étrangers.

Les cris de : « Vive l'armée ! » ne cessent pas pendant le défilé des régiments.

La compagnie cycliste du capitaine Gérard est applaudie à outrance.

La poussière, qui devient entièrement opaque, nous cache les batteries et les escadrons qui passent à leur tour devant nous. On entend les sonneries de trompettes, le roulement des canons, le cliquetis des sabres et des gourmettes ; mais le spectateur ne voit rien, absolument rien.

En revanche, la marche au galop de bataille sur les tribunes s'exécute avec le plus grand succès

Quand les quatorze régiments : cuirassiers, dragons, chasseurs, hussards, flanqués de leur artillerie, s'arrêtent à cent mètres des tribunes et présentent le sabre, un immense cri de « Vive l'armée ! Vive la France ! », retentit.

La revue est terminée. Le Président de la République, que la foule applaudit, remonte en voiture avec le duc de Connaught pour se rendre à l'Ecole d'Agriculture.

C'est là que va être servi le déjeuner offert par M. Félix Faure aux représentants des nations étrangères et aux généraux de l'armée française.

Aide de camp-général Baron Freedericksz.
(Cliché Borie.)

LE DÉJEUNER

La tente dressée dans la principale cour de l'Ecole d'Agriculture est ornée, avec beaucoup de goût et d'ingéniosité, de drapeaux et d'attributs militaires.

Un drapeau est en face du Président. Les lettres R. F. sont tracées en mousse et en fleurs.

Le Président occupé le milieu de la table d'honneur. Il a à sa droite le duc de Connaught et à sa gauche le général Jacquemin.

A la Revue. L'arrivée des officiers étrangers.
(Cliché Borie.)

Le général de Négrier, directeur général des manœuvres, est assis en face du Président, ayant à sa droite le général baron Freedericksz, et à sa gauche le général Caillard.

Parmi les 146 convives nous citerons : les généraux Duchesne, Talbot, Renouard, Dalberg, de Boysson, Bates, Hagron, Darras, Deloye, le colonel Wattenwyl, les généraux Briois, Niox, le colonel Dawson, M. Crozier, les généraux Godard, Mouton, Tranchot, Frayssineau, Herment, etc.

Les officiers étrangers.

LES TOASTS

Toast du général de Négrier.

A l'issue du déjeuner, le général de Négrier, directeur des manœuvres, se lève et porte le toast suivant :

A la revue. L'arrivée du Président de la République.
(Cliché Borie.)

Monsieur le Président de la République,

Nous vous remercions de suivre d'aussi près nos manœuvres. Vous nous connaissez depuis longtemps ; aussi, vous pouvez le constater, chaque année amène quelques progrès et surtout soude davantage entre eux tous les éléments de nos forces. Jamais, à aucune époque, les chefs de l'armée n'ont été plus respectueux des lois, plus unis, plus prêts à se dévouer les uns pour les autres ; jamais nous n'avons eu plus de confiance dans nos troupes, et cette confiance, les troupes nous la rendent. En toutes circonstances, elles nous en donnent la preuve. Pour développer encore cette force morale, nous savons que nous trouverons en vous le plus solide appui.

La remise des décorations.

Au nom des états-majors et des corps de troupe des 8e et 13e corps d'armée et des 6e et 7e divisions de cavalerie, je porte la santé de M. Félix Faure, Président de la République française.

Le Président de la République répond au général de Négrier en des termes qu'on trouvera plus loin.

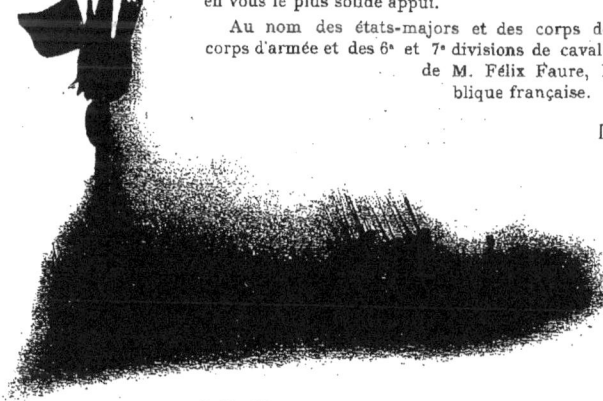

Défilé d'infanterie. (Cliché Borie.)

TOAST DU DUC DE CONNAUGHT

La musique joue la *Marseillaise*.
Le duc de Connaught se lève le dernier. Il dit :

MONSIEUR LE PRÉSIDENT DE LA RÉPUBLIQUE,

Je prends la parole pour remercier le Chef de l'Etat de la bonté qu'il a bien voulu nous témoigner. Je lui suis bien reconnaissant de toute l'amabilité qu'il nous a montrée. Je retiendrai toujours comme un des souvenirs les plus charmants les manœuvres de l'année 1898.

Permettez, monsieur le Président, que je vous dise combien nous avons de sympathie pour l'armée française, cette armée que le peuple aime tellement, cette armée qui a un si grand passé. C'est pour moi, comme officier de l'armée anglaise et comme membre de la famille royale, le plus grand plaisir de me trouver au milieu de mes camarades français, camarades de nos armées en plusieurs campagnes. J'espère que jamais nos armées ne seront ennemies et que la camaraderie existera toujours entre nous.

Au nom des officiers étrangers, permettez-moi d'exprimer notre reconnaissance la plus vive pour toute la bonté que vous nous avez témoignée et qui sera, en rentrant chez eux, le plus agréable souvenir.

La musique joue l'hymne national anglais, puis l'hymne russe.

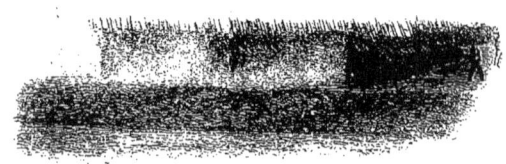

Défilé d'infanterie. (Cliché de M. de Boulois.)

DÉPART DU PRÉSIDENT

Le Président de la République quitte la préfecture à 5 h. 1/4, pour se rendre à la gare, où son arrivée est saluée par un premier coup de canon, que cent autres suivront. La musique du 38ᵉ d'infanterie joue la *Marseillaise* ; de la foule massée aux abords de la gare partent des cris assez nourris de : « Vive Félix Faure ! Vive l'armée ! »

Défilé de cavalerie. (Cliché de M. de Boulois.)

Dans le salon aménagé pour la circonstance, le Chef de l'Etat est reçu par les députés et le maire de Moulins avec lesquels il s'entretient pendant quelques instants. Il est accompagné du duc de Connaught qu'il invite à monter dans le train, où prennent place également le général Renouard, les officiers de la maison militaire du Président et les officiers qui composent l'escorte du duc. Le général de Négrier arrive à ce moment accompagné des généraux Michal, Jacquemin et Caillard. Le Président le fait

La charge. (Cliché de M. de Boulois.)

monter un instant auprès de lui pour lui renouveler ses félicitations. Il lui serre affectueusement la main, ainsi qu'aux généraux qui l'entourent et au préfet qui est venu lui faire ses adieux. M. Félix Faure salue la foule qui a envahi le quai.

Il est 5 h. 30, le train se met en marche et quitte la gare au milieu des acclamations de la population.

Le Président de la République et le duc de Connaught sont rentrés à Paris le même soir à minuit.

Après la charge, le général de Négrier.

Le Président de la République et le duc de Connaught, avant de se séparer, se sont entretenus quelques instants dans le salon de la gare.

M. Félix Faure est parti dans un landau pour l'Elysée avec le général Hagron et M. Le Gall. L'escorte était formée par un escadron de cuirassiers.

Le duc de Connaught et ses officiers sont partis dans une autre voiture. Les curieux massés devant la gare d'arrivée ont beaucoup crié : « Vive le Président ! Vive l'armée ! »

DOCUMENT OFFICIEL

Réponse du Président de la République au général de Négrier, après la Revue de Gennetines.

MONSEIGNEUR,

Nous avons été heureux de voir Votre Altesse Royale suivre les manœuvres qu viennent de se terminer, et nous lui demandons de transmettre à Sa Majesté la Reine de la Grande-Bretagne, Impératrice des Indes, les vœux très vifs que nous formons pour Son bonheur et pour celui de la famille royale.

MESSIEURS LES OFFICIERS ÉTRANGERS,

Il m'est agréable de vous voir au milieu de nous et j'espère que vous garderez un bon souvenir de l'accueil qui vous a été fait par vos camarades de l'armée française.

MESSIEURS,

Chaque année, la période des manœuvres est pour la France une heure de patriotique émotion. Les conditions particulièrement difficiles dans lesquelles se sont effectuées les manœuvres de 1898 donnent à leur succès une haute et réconfortante signification. Elles mettent en relief l'excellente instruction technique et le dévouement de l'officier, la discipline et l'entraînement supérieurs du soldat.

Je suis l'interprète de la patrie quand j'apporte des remerciements au général de Négrier, directeur des manœuvres, aux chefs de corps de toutes armes et aux chefs des différents services, quand je salue ces jeunes soldats, ces réservistes qui ont quitté leurs foyers pour prendre place dans le rang et servir de toutes leurs forces l'idéal le plus noble qu'il soit donné à l'homme de concevoir.

Les épreuves passagères ont toujours rendu plus intime l'union du peuple et de l'armée et je sais qu'en m'adressant à l'armée je parle à la nation tout entière.

Enfants de la famille française, je les vois, palpitant des mêmes émotions dans un élan ravivé de tendresse et de foi, se serrer autour du drapeau pour la défense du commun patrimoine d'honneur.

Cette union, sous l'égide des institutions républicaines, est notre force. Grâce à elle, la France a surmonté de terribles événements dont le souvenir ne s'efface pas de notre mémoire, et c'est par cette union que notre patrie bien-aimée pourra poursuivre sa mission dans le monde.

Messieurs, je lève mon verre en l'honneur de l'armée.

DÉCORATIONS

Sont nommés dans la Légion d'honneur :

OFFICIERS ÉTRANGERS

Grand-Croix. — S. A. le Duc de Connaught.
Commandeurs. — Général Talbot, général Dalberg.
Officiers. — Général Bates, lieutenant-colonel Von Hoogehunze, lieutenant-colonel Scamarone, commandant Weilkowitch, lieutenant-colonel Mondragon, colonel Dawson.
Chevaliers. — Capitaine Mac Neill, Gueneiro, Oznobischine.

DÉCORATIONS AUX OFFICIERS FRANÇAIS

Sont nommés dans la Légion d'honneur :

Officiers. — MM. Meurant, lieutenant-colonel du 95e de ligne ; Daudignac, colonel du 92e de ligne ; Clinchard, lieutenant-colonel, directeur du génie à Clermont.

Chevaliers. — MM. Martin, chef de bataillon d'infanterie (a accompagné les officiers étrangers) ; Grandjean, chef de bataillon d'infanterie, chef d'état-major de la 15e division ; Laterrade, capitaine au 13e de ligne ; Heim, capitaine au 27e de ligne, Bertrou, capitaine au 7e dragons ; Demaiché, capitaine au 26e dragons ; Benner, capitaine au 32e d'artillerie ; d'Urbal, chef d'escadron, chef d'état-major de la 6e division de cavalerie ; Balagny, capitaine au 101e de ligne ; Baron, capitaine au 86e de ligne ; Loiseleur, capitaine du génie ; Rapin, capitaine au 92e de ligne ; Domeck, capitaine au 105e de ligne ; Amet, capitaine au 36e d'artillerie ; Aubry, capitaine au 36e d'artillerie ; Finel, sous-intendant militaire de 3e classe au Puy.

Médailles militaires. — MM. Hugonneau, adjudant au 13e de ligne ; Parizot, adjudant au 56e de ligne ; Legendre, adjudant au 56e de ligne ; Deguet, adjudant au 85e de ligne ; Rozies, adjudant au 7e dragons ; Fontaine, adjudant au 16e chasseurs ; Franc, maréchal-des-logis à la 8e section de gendarmerie ; Coquet, brigadier à la 8e légion de gendarmerie ; Sauvageot, gendarme à la 8e légion de gendarmerie ; Compagnon, gendarme à la 8e légion de gendarmerie ; Humblot, gendarme à la 8e légion de gendarmerie ; Monod, adjudant au 32e d'artillerie ; Lemoine, adjudant au 86e de ligne ; Caffajoli, adjudant au 98e de ligne ; Michel, adjudant de cavalerie à l'Ecole supérieure de guerre, porte-fanion du général de Négrier.

Officier de l'Instruction publique. — M. Bletterie, conseiller général.

Officiers d'Académie. — MM. Routy, conseiller général ; Trimoulier, conseiller de préfecture ; Dupré, premier adjoint ; Gondard, deuxième adjoint ; Cabassut, conseiller municipal ; Salomon, secrétaire en chef de la mairie ; Maillet, chef de bureau à la préfecture.

Chevaliers du Mérite agricole. — MM. Dujon, président du conseil d'arrondissement ; de la Porte du Theil, inspecteur des forêts.

www.ingramcontent.com/pod-product-compliance
Lightning Source LLC
Chambersburg PA
CBHW060454050426
42451CB00014B/3312